COLLECTION

COTTREAU

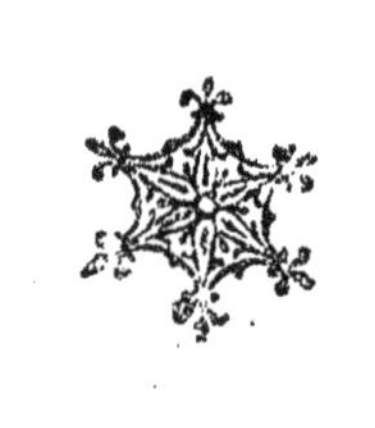

COLLECTION COTTREAU

OBJETS D'ART

ET DE

HAUTE CURIOSITÉ

CONDITIONS DE LA VENTE

Elle sera faite au comptant.

Les acquéreurs paieront *dix pour cent* en sus des enchères.

Paris. — Imp. Georges Petit, 12, rue Godot-de-Mauroi. — 19730-10

Collection Cottreau

CATALOGUE

DES

OBJETS D'ART

ET DE

HAUTE CURIOSITÉ

de l'Antiquité, du Moyen-Age, de la Renaissance

DES XVIIe ET XVIIIe SIÈCLES

FAIENCES ITALIENNES

ÉMAUX CHAMPLEVÉS ET PEINTS DE LIMOGES

Ivoires — Bronzes

OBJETS DE VITRINE

DONT LA VENTE AURA LIEU A PARIS

GALERIE GEORGES PETIT

8, Rue de Sèze, 8

Les Jeudi 28 et Vendredi 29 Avril 1910, à 2 heures 1/2

COMMISSAIRE-PRISEUR
Me HENRI BAUDOIN
Successeur de Me PAUL CHEVALLIER
10, rue Grange-Batelière, 10

EXPERTS
MM. MANNHEIM
7, rue Saint-Georges, 7
PARIS

EXPOSITIONS

PARTICULIÈRE : *Le Mardi 26 Avril 1910, de 1 h. 1/2 à 5 h. 1/2*
PUBLIQUE : *Le Mercredi 27 Avril 1910, de 1 h. 1/2 à 5 h. 1/2*

ORDRE DES VACATIONS

Le Jeudi 28 Avril 1910

	Nos
Faïences	1 à 29
Ivoires.	30 à 38
Émaux champlevés.	39 à 46
Émaux peints	47 à 65

Le Vendredi 29 Avril 1910

Émaux peints *(Fin des)*	66 à 80
Bronzes	81 à 101
Objets de vitrine	102 à 119
Objets variés.	120 à 130

OBJETS D'ART

ET DE

HAUTE CURIOSITÉ

FAIENCES

1 — VASE ovoïde, en ancienne faïence de Nevers, décoré de fleurs et d'oiseaux, en blanc fixe, sur fond bleu de Perse. 400

Haut., 19 cent.

2 — BOUTEILLE à col renflé, en ancienne faïence de Nevers, décorée de fleurs en blanc et orangé, sur fond bleu de Perse. 190

Haut., 17 cent.

3 — PETIT VASE surbaissé, en ancienne faïence de Perse, à décor d'arabesques à reflets métalliques, sur fond bleu clair. 1050

Surement Siculo Arabe

Haut., 6 cent.

1640

4 — Plat a épices ovale, en terre émaillée de Bernard Palissy, xvie siècle; au centre, une cavité ovale; alentour, quatre cavités rondes, reliées par des génies tenant divers attributs.

Grand diam., 33 cent.; petit diam., 25 cent.

5 — Plat a épices ovale, en terre émaillée de Bernard Palissy, xvie siècle, ne différant du précédent que par les émaux.

Grand diam., 33 cent.; petit diam., 25 cent.

6 — Plat a épices ovale, en terre émaillée de Bernard Palissy, xvie siècle; au fond, une cavité jaspée; alentour, des fleurons ajourés disposés symétriquement et bordés d'entrelacs.

Grand diam., 28 cent.; petit diam., 20 cent.

7 — Plat a épices ovale, en terre émaillée de Bernard Palissy, xvie siècle; au centre, une cavité jaspée; alentour, quatre cavités rondes, séparées par des fleurons ajourés et bordés d'une course de petits feuillages.

Grand diam., 28 cent.; petit diam., 20 cent.

8 — Plat creux, tondino, en faïence d'Urbino, milieu du xvie siècle, atelier de Xanto, présentant, selon la légende inscrite au revers, le Supplice de la vestale Rhéa Sylvia, mère

de Rémus et Romulus, enterrée vive par ordre d'Amulius; fond de paysage. A la partie supérieure, un écusson aux armes des Rackwitz, de Silésie.

Diam., 25 cent.

9 — Coupe ronde, sur pied bas, ongaresca, en faïence d'Urbino, milieu du xvie siècle : la Pieta. Le Christ mort est soutenu par la Vierge et entouré de saints personnages; fond de paysage.

Diam., 27 cent.

10 — Grand plat rond, en faïence d'Urbino, milieu du xvie siècle : l'Incendie du Borgo, d'après Raphaël; au premier plan, des femmes et des enfants agenouillés, implorent le pape Léon IV, qui bénit la foule du haut de la Loggia du Vatican; sur les côtés, de nombreux personnages s'enfuient ou sont occupés à combattre le fléau que le Saint Père va conjurer d'un signe de croix.

Diam., 44 cent.

11-12 — Deux petits plats creux, tondini, en faïence d'Urbino, atelier des Fontana, milieu du xvie siècle : l'un présente le sujet de Polyphème et Galathée; l'autre, la légende d'Apollon et Daphné, suivant les inscriptions du revers. Tous deux offrent les armes d'un évêque : de gueules au lion d'argent, timbrées d'une mitre.

Diam., 20 et 19 cent.

13 — Grand plat rond, piatto da pompa, faïence d'Urbino, milieu du xvie siècle, atelier d'Orazio Fontana : la Course de chars romains. Les concurrents sont représentés à l'instant où ils prennent le tournant, ainsi qu'en fait foi la légende inscrite au revers du plat : *Gioco dele mete.* Fond d'architecture. Marli orné de grotesques.

Diam., 48 cent.

14 — Grand plat à ombilic et à reliefs, piatto da pompa, en faïence d'Urbino, milieu du xvie siècle, atelier d'Orazio Fontana : l'ombilic présente le sujet de Joseph reconnu par ses frères ; quatre compartiments bordés de fortes moulures et de mascarons l'entourent et contiennent les allégories des Éléments ; le marli est orné de grotesques, ainsi que de deux cartouches où est inscrit le mot : *Vrbini.* Le revers est décoré d'un large écusson d'armoiries : d'argent à la cigogne au naturel tenant en son bec un serpent et d'une patte une pierre, perchée sur une montagne de trois coupeaux de sinople, et sommée d'une étoile.

Grand diam., 62 cent. ; petit diam., 49 cent.

15 — Coupe ronde sur pied bas, ongaresca, en faïence d'Urbino, milieu du xvie siècle, rehaussée à Gubbio de reflets métalliques rouge rubis : Esacus se précipite du haut

d'un rocher en voyant la nymphe Hespérie, piquée par le serpent, étendue, morte, sur le sol; auprès d'eux, l'Amour et le Fleuve Cébrène, père d'Hespérie; fond de paysage.

Diam., 26 cent.

16 — Petit plat creux, tondino, en faïence de Faenza, xvie siècle; marli à décor bleu, dit berettino, composé de grotesques; fond occupé par un écusson polychrome, d'azur à la montagne de trois coupeaux d'argent, sommée en chef d'une étoile d'or.

Diam., 20 cent.

17 — Coupe ronde sur pied bas, ongaresca, en faïence de Faenza, xvie siècle, présentant, au centre, deux amours jouant, dans un médaillon entouré de rinceaux feuillagés en jaune sur fond bleu; bordure d'ocre chargée de grotesques en bleu et blanc.

Diam., 24 cent.

18 — Vase à deux anses, à panse surbaissée et sur piédouche, en faïence de Deruta, xvie siècle: la panse est ornée d'une frise de feuillages stylisés; le col et l'épaulement présentent un écusson deux fois répété, d'or à la croix de gueules chargée de neuf croissants d'argent; le culot et le piédouche offrent des godrons simulés. Décor bleu et à reflets métalliques jaune chamois.

Haut., 30 cent.

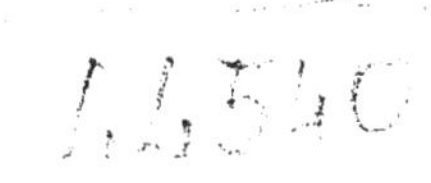

19 — Vase à deux anses, à panse surbaissée et sur piédouche en faïence de Deruta, XVIe siècle : la panse est ornée de feuillages stylisés, le col et l'épaulement, d'un médaillon deux fois répété contenant le nom *Lvcia B(ella)*; le culot présente des godrons simulés. Décor bleu et à reflets métalliques jaune chamois.

Haut., 29 cent.

20 — Couvercle en faïence de Deruta, XVIe siècle, orné de godrons simulés. Décor bleu et à reflets métalliques jaune chamois.

Diam., 18 cent.

21 — Plat rond, en faïence de Deruta, XVIe siècle. Au centre, un buste de femme de profil ; alentour, des compartiments rayonnants, chargés d'imbrications et de feuilles ; au marli, des entrelacs. Décor bleu et à reflets métalliques jaune chamois.

Diam., 33 cent.

22 — Petit plat creux, tondino, en faïence de Deruta, XVIe siècle, orné, au fond de la cavité centrale, d'un cartouche contenant la lettre A, et au marli, de palmettes rayonnantes ; décor bleu et à reflets métalliques jaune chamois.

Diam., 21 cent.

23 — Coupe d'accouchée en faïence de Gubbio, année 1538, présentant, au fond, une bonne

foi surmontée d'un cœur percé d'une flèche ; pourtour intérieur simulant le cuivre ; pourtour extérieur orné de gros fruits et de feuilles, avec la date 1538. Décor bleu et à reflets métalliques rouge rubis et rouge cuivreux.

Diam., 17 cent.

24 — Plat rond, en faïence de Gubbio, année 1539, décoré, sur fond bleu, de grotesques, avec deux cartouches portant la date 1539, et un troisième présentant la devise S. P. Q. R., le tout exécuté en grisaille rehaussée de reflets métalliques rouge rubis et rouge cuivreux. Au revers, la lettre N...

Diam., 25 cent.

25 — Coupe d'accouchée en faïence de Gubbio, milieu du xvie siècle, offrant un amour nu, debout ; pourtour intérieur simulant le cuivre ; pourtour extérieur chargé de rinceaux et de palmettes, sur fond bleu. Décor polychrome, rehaussé de reflets métalliques rouge rubis et rouge cuivreux.

Diam., 17 cent.

26 — Coupe à ombilic, en faïence de Gubbio, milieu du xvie siècle, présentant, sur fond bleu, une rosace de godrons en spirale, entourée de cannelures obliques, à reflets métalliques.

Diam., 20 cent.

27 — Coupe ronde sur pied bas, ongaresca, en faïence de Gubbio, milieu du xvie siècle, présentant une bonne foi surmontée d'un cœur percé d'une flèche ; alentour, des feuillages gaufrés. Décor bleu et à reflets métalliques rouge rubis et rouge cuivreux. Au revers, la lettre N...

Diam., 26 cent.

28 — Grand plat rond, en faïence de Castel-Durante, année 1536, atelier de Nicolo da Urbino : César, recevant la tête de Pompée, dissimule sa joie manifeste, et verse des larmes sur le sort de son rival mort, selon la légende italienne du revers. Au revers également, la date *1536* et la marque : *In Castel Durante.*

Diam., 47 cent.

29 — Plat en faïence de Castel-Durante, milieu du xvie siècle, présentant, sur fond bleu, au centre, un buste de femme de profil, placé au milieu d'une couronne de laurier, et, au marli, des grotesques et des trophées d'armes, en grisaille.

Diam., 28 cent.

IVOIRES

30 — Groupe en ivoire sculpté, de travail français du commencement du xive siècle : la Vierge couronnée, assise sur un trône et amplement drapée, porte de la main droite

une fleur et de l'autre main retient l'Enfant-Jésus vêtu de long, debout sur son genou gauche. Traces de décor sur les vêtements et sur le siège.

Haut., 17 cent.

31 — Grand diptyque en ivoire sculpté en haut-relief, avec traces de peinture et de dorure ; travail français du xive siècle. Il présente quatre compartiments, disposés sur deux rangs et contenant les scènes suivantes : la Flagellation, le Portement de croix, la Crucifixion, la Descente de croix, la Mise au tombeau, compositions de nombreux personnages.

Haut., 20 cent.; larg. ouvert, 23 cent.

32 — Diptyque en ivoire sculpté en bas-relief, travail français du xive siècle : sur l'un des volets, la Vierge portant l'Enfant-Jésus est debout entre saint Jean-Baptiste et un autre saint martyr ; au-dessus d'eux, deux anges tenant des encensoirs ; sur l'autre volet, le Christ crucifié, entre les Saintes Femmes d'une part, saint Jean, saint Joseph d'Arimathie et un troisième personnage d'autre part ; au-dessus des branches de la croix, deux anges ; à la partie supérieure, des arcades gothiques.

Haut., 125 millim.; larg. ouvert, 155 millim.

33 — Petit polyptyque en ivoire, avec traces de peinture et de dorure, travail français du xive siècle : au centre, sous un dais à pinacles gothiques, un groupe en haut-relief représente la Vierge assise, offrant une fleur à l'Enfant-Jésus debout sur son genou gauche ; sur les volets : l'Annonciation, la Visitation, la Crèche, l'Adoration des Mages et la Présentation au temple, sculptées en bas-relief et disposées sur deux rangs sous des arcades gothiques.

Haut., 140 millim.; larg. ouvert, 105 millim.

34 — Feuillet de tablettes à écrire, en ivoire sculpté en bas-relief, de travail français du xive siècle, présentant quatre sujets paraissant tirés du roman de Huon de Bordeaux et disposés sur deux rangs, sous quatre arcades gothiques trilobées.

Haut., 12 cent.; larg., 8 cent

35 — Plaque rectangulaire en ivoire sculpté en bas relief, de travail italien du xive siècle : l'Annonciation ; l'ange Gabriel, portant un phylactère, est agenouillé devant la Vierge qui se tient debout, les bras croisés sur la poitrine ; entre eux, le vase de lis ; en haut, le Père Éternel et le Saint-Esprit.

Haut., 10 cent.; larg., 7 cent.

36 — GRAIN DE CHAPELET en ivoire sculpté en haut-relief, de travail français du XVIe siècle : il présente un buste de femme et un buste d'adolescent, disposés sur chaque face d'un médaillon ovale ; ces personnages portent le costume de l'époque ; des feuilles décorent l'amortissement de la pièce.

Haut., 5 cent.; larg., 35 millim.

37 — PLAQUE rectangulaire en ivoire sculpté en bas-relief, de travail français du XVIe siècle : la Descente de croix ; deux serviteurs, montés sur des échelles, retiennent le corps du Christ, qu'un troisième, vu de dos, les bras levés, s'apprête à recevoir ; deux Saintes Femmes et deux autres personnages assistent à la scène.

Haut., 95 millim.; larg., 65 millim.

38 — VIDRECOME en ivoire sculpté en haut-relief, présentant une allégorie de la Victoire : un empereur romain, assis sur un trône, est couronné par le Génie de la Renommée ; à ses pieds sont amenés des captifs suppliants gardés par des soldats vêtus à l'antique ; des trophées complètent cette composition. Travail flamand du XVIIe siècle. Monture en argent doré à anses serpents avec couvercle surmonté d'un aigle et pieds en forme de lions couchés.

Haut., 18 cent.

ÉMAUX CHAMPLEVÉS

39 — Pyxide ronde à couvercle conique, en cuivre champlevé et émaillé de Limoges, xiiie siècle, à décor de médaillons contenant des bustes d'angelots séparés par des branchages feuillagés.

Haut., 10 cent.

40 — Pyxide ronde à couvercle conique, en cuivre champlevé et émaillé de Limoges, xiiie siècle, à décor de médaillons contenant des étoiles.

Haut., 11 cent.

41 — Pyxide ronde à couvercle conique, en cuivre champlevé et émaillé de Limoges, xiiie siècle, à décor de médaillons contenant des bustes d'angelots et des bandes chargées de rinceaux.

Haut., 9 cent.

42 — Pyxide ronde à couvercle conique, en cuivre champlevé et émaillé de Limoges, xiiie siècle, présentant le monogramme du Christ ainsi que des rinceaux fleuronnés.

Haut., 11 cent.

43 — Chasse en forme de maison, en cuivre champlevé et émaillé de Limoges, XIIIe siècle ; la face antérieure présente le Martyre de sainte Valérie : le proconsul Julius Silanus ordonne à son écuyer Hortarius de tuer la sainte ; au-dessus de cette composition, trois angelots à mi-corps, dont deux tiennent un livre ; la face postérieure est ornée de quartefeuilles inscrits dans des médaillons ronds ; les fonds émaillés bleu sont semés de disques polychromes. Les corps sont réservés en cuivre doré avec têtes en relief ; les bordures sont chargées de croisettes.

Haut., 16 cent.; larg., 12 cent

44 — Grande plaque oblongue, en cuivre champlevé et émaillé de Limoges, XIIIe siècle : elle présente, sous des arcades gothiques superposées, d'une part, la Vierge debout portant un livre, et la Visitation ; de l'autre, les Rois mages en adoration. Fond émaillé ; corps et rinceaux gravés et réservés en cuivre doré. Le revers, gravé seulement, est décoré, de même, d'arcades gothiques sous lesquelles se tiennent, debout, quatre saints personnages, disposés sur champ de rinceaux et de palmettes.

Haut., 33 cent.; larg., 14 cent.

45 — Plaque de reliure rectangulaire, en cuivre champlevé et émaillé de Limoges, XIIIe siècle : le Calvaire ; le Christ, crucifié à quatre clous,

est vêtu d'un perizonium émaillé bleu ; il est couronné et repose sur un subpedaneum ; à ses côtés se tiennent, debout, la Vierge et saint Jean ; au-dessus des bras de la croix, deux angelots, les ailes déployées, portent un livre. Les figures sont exécutées en relief et présentent des traces de dorure. Le fond, émaillé bleu, est semé de rosaces, de quartefeuilles polychromes et de bandes bleu turquoise, chargées d'inscriptions koufiques stylisées ; la croix et son titulus sont réservés en cuivre doré ; le nimbe crucifère du Christ est également polychrome, sauf sa croix réservée en cuivre doré. Bordure en cuivre repoussé à fleurettes et quadrillés.

Haut. de la plaque, 27 cent. ; larg., 14 cent.

46 — Petite plaque rectangulaire en cuivre émaillé bleu, sur laquelle est appliquée une figure en cuivre repoussé et doré, de travail limousin du XIIIe siècle, représentant le roi David tenant un instrument de musique ; les yeux de ce personnage sont exécutés en émail vert.

Haut., 45 millim. ; larg., 73 millim.

ÉMAUX PEINTS

47 — Plaque oblongue, provenant d'un triptyque, en émail peint de Limoges, fin du XVe siècle, par Nardon Pénicaud : elle présente, sur un fond semé de rosaces, douze

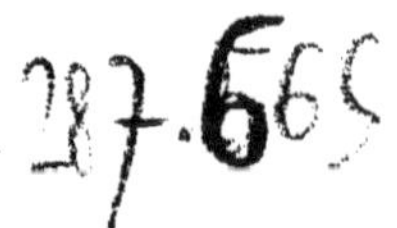

médaillons contenant les bustes de saint Jean-Baptiste, de saint Pierre, de saint Paul, de saint André, de saint Jacques le Majeur, de saint Denis, etc. Émaux polychromes avec points d'émail en relief et rehauts de dorure.

Haut., 190 millim. ; larg., 75 millim.

48 — Plaque oblongue en émail peint de Limoges, par Nardon Pénicaud, fin du xve siècle : l'Adoration des Rois Mages. La Vierge, assise, tient sur les genoux l'Enfant-Jésus, nu, qui tend les bras vers l'un des Mages agenouillé, lequel lui apporte un présent ; plus loin, deux autres Mages debout et saint Joseph. Émaux polychromes et rehauts d'or.

Haut., 15 cent. ; larg., 115 millim.

49 — Plaque rectangulaire en émail peint de Limoges, commencement du xvie siècle, par Jean Ier Pénicaud : Jésus au mont des Oliviers. Le Christ, nimbé, vêtu d'un grand manteau violet, est agenouillé et prie, les yeux levés vers le ciel, où lui apparaissent dans une nuée blanche un calice et un ange portant la croix. Au premier plan, les apôtres Pierre, Jacques et Jean, dorment couchés ou assis sur l'herbe ; Pierre tient un glaive et Jean, un livre ; ils sont nimbés et enveloppés dans des manteaux, bleu pour saint Pierre, de couleur pourpre pour les deux autres apôtres. Dans le haut, à gauche, la porte du jardin par

laquelle entre Judas guidant des soldats en armes. Dans le fond, la ville de Jérusalem, sous un ciel étoilé. A droite, des oliviers, et sur l'herbe parsemée de fleurettes, un linge ; sur ce linge, la signature *I. P.* peu lisible. Carnations violacées et émaux polychromes avec paillons. Cadre d'argent dans le genre Renaissance, décoré d'ornements estampés.

Haut., 275 millim.; larg., 240 millim.

50 — Médaillon rond en émail peint de Limoges, année 1529, par Jean II Pénicaud : portrait du pape Paul III (Alexandre Farnèse), représenté de profil à gauche, tête nue et portant une longue barbe blanche ; il est revêtu d'une chape brodée d'or à sujets tirés de l'histoire de saint Pierre, et retenue par un mors aux emblèmes de la papauté. Sur la bordure, la légende : *Pavlvs III Pont. Max. MDXXIX.* Grisaille et rehauts d'or avec points d'émail blanc. Contre-émail incolore laissant apercevoir le poinçon *P.* des Pénicaud. Cercle de cuivre.

Diam., 12 cent.

51-52 — Deux petites plaques rectangulaires, en émail peint de Limoges, par Jean II Pénicaud, milieu du XVIe siècle : combats de guerriers vêtus à l'antique, dont l'un porte un étendard fleurdelisé. Grisailles avec rehauts d'or. L'une des plaques est signée : *I. P.*

Haut., 7 cent.; larg., 10 cent.

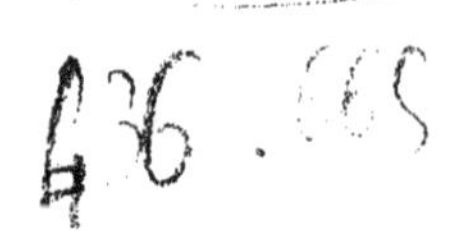

53 — Plaque rectangulaire, en émail peint de Limoges, milieu du xvie siècle, par Jean II Pénicaud : la Justice, sous les traits d'une femme vêtue à l'antique, vue à mi-corps, la tête de profil, une épée dans la main droite une balance dans la gauche ; fond d'architecture. Grisaille. Dans le bas, l'inscription : *Jvsticia.* En haut, la signature *P. I.* (*Penicaudius Junior*). Au revers, contre-émail incolore laissant apercevoir le poinçon *P.* des Pénicaud.

Haut., 27 cent. ; larg., 21 cent.

54 — Plaque rectangulaire, en émail peint de Limoges, milieu du xvie siècle, par Jean II Pénicaud : la Tempérance, sous les traits d'une femme vue à mi-corps, presque de dos, la tête tournée vers l'épaule droite, vêtue à l'antique, et versant un liquide d'une coupe dans une autre. Grisaille sur fond jaspé. Dans le bas, l'inscription : *Temperantia.* Signée en haut : *P. I. (Penicaudius Junior).* Au revers, le poinçon *P.* des Pénicaud, deux fois répété sous émail incolore.

Haut., 27 cent ; larg., 21 cent.

55 — Plaque rectangulaire, en émail peint de Limoges, milieu du xvie siècle, par Jean II Pénicaud : la Force, sous les traits d'un guerrier vêtu à l'antique, représenté à mi-jambes et tenant des deux mains un chapiteau ; fond d'architecture. Grisaille sur champ

marron. Dans le bas, l'inscription : *Fortitvdo*. A la partie supérieure, la signature : *IA. Penicavd Ivnior*. Contre-émail incolore, laissant apercevoir le poinçon *P.* des Pénicaud quatre fois répété.

Haut., 27 cent.; larg., 21 cent.

56 — Plaque rectangulaire en émail peint de Limoges, milieu du xvie siècle, par Jean II Pénicaud : la Charité, figurée par une jeune mère, vue à mi-corps, tenant d'une main une corne d'abondance, caressant, de l'autre, un enfant qu'elle allaite ; devant elle, un second enfant portant un vase de fleurs. Fond d'architecture. Grisaille sur champ brun. Dans le bas, l'inscription : *Charitas*. A la partie supérieure, la signature : *IA. Penicavd Ivnior*. Contre-émail incolore, laissant apercevoir le poinçon *P.* des Pénicaud, quatre fois répété.

Haut., 27 cent.; larg., 21 cent.

57-58 — Deux plaques rectangulaires, en émail peint de Limoges, atelier de Jean II Pénicaud, milieu du xvie siècle : la Délivrance d'un possédé, enchaîné et étendu à terre. Épisode de la vie de saint Martial. Émaux polychromes avec paillons et rehauts d'or. Encadrées.

Haut., 15 cent.; larg., 21 cent.

59 — Grand médaillon rond, en émail peint de Limoges, milieu du xvie siècle, par Jean II

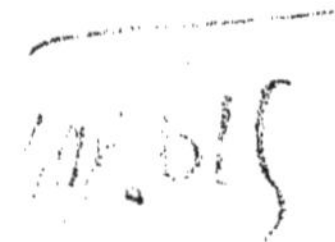

Pénicaud : l'Effet de la jalousie, d'après Albert Dürer. Sur le premier plan, à gauche, se trouve un satyre; il est assis et tourné à droite; de sa main pendante, il tient une grande mâchoire; sur ses genoux, repose une femme toute nue. Surprise, elle regarde à droite, et, de la main gauche porte un voile à sa face pour essayer de se cacher à une autre femme, qui, elle, est vêtue avec pudeur. Celle-ci est sur le point de frapper le couple impudent avec un gourdin déjà levé. A droite, le mari de la pécheresse, vu de dos et nu, un tronc d'arbre à la main, essaye de parer le coup. Plus loin, un enfant nu s'enfuit avec un oiseau dans la main gauche. En haut, un château-fort et une ville au bord d'un fleuve. Grisaille et tons vert et bleu.

Diam., 30 cent.

60 — Plaque rectangulaire, en émail peint de Limoges, milieu du XVIe siècle, atelier de Jean II Pénicaud : le Calvaire. Au milieu, le Christ crucifié; au pied de la croix, sainte Madeleine agenouillée; sur les côtés, la Vierge et saint Jean, debout. Au-dessus des branches de la croix, le soleil et la lune. Grisaille avec rehauts d'or. Encadrée.

Haut., 20 cent.; larg., 15 cent.

61 — Plaque rectangulaire, en émail peint de Limoges, atelier de Jean II Pénicaud, milieu

du XVIe siècle : portrait présumé de Rabelais barbu, en buste, de trois quarts à gauche, vêtu de noir et portant une toque également noire ; fond vert.

Haut., 103 millim. ; larg., 85 millim.

62 — COUPE ronde sur piédouche et avec couvercle, en émail peint de Limoges, milieu du XVIe siècle, par Jean III Pénicaud ; l'intérieur de la coupe présente un combat de style antique ; le pourtour et le piédouche, des mascarons et des draperies ; sur le couvercle se voient des compositions relatives à l'Histoire de Joseph, et au revers du couvercle, quatre médaillons contenant des bustes. Grisaille avec tons de chair et rehauts d'or.

Haut., 20 cent. ; diam., 22 cent.

63 — PETITE PLAQUE rectangulaire, en émail peint de Limoges, milieu du XVIe siècle, atelier des Pénicaud : la Descente de croix. Le Christ, étendu sur le linceul, est soutenu par saint Joseph d'Arimathie ; sainte Madeleine est agenouillée devant lui ; plus loin, la Vierge, saint Jean et d'autres saints personnages. Émaux polychromes avec rehauts d'or.

Haut., 10 cent. ; larg., 75 millim.

64 — PLAQUE DE BAISER DE PAIX en émail peint de Limoges, année 1538, par Pierre Reymond : elle présente la Vierge assise, tenant sur les

genoux l'Enfant-Jésus, que viennent adorer saint Jean, saint Jacques, saint Jérôme et saint Georges, ainsi qu'en témoigne la légende; fond d'architecture; dans la partie cintrée, Dieu le Père. Grisaille. Sur les marches du siège de la Vierge, la date *1538* et les initiales *P. R.*

Haut., 13 cent.; larg., 10 cent.

65 — Plaque rectangulaire, en émail peint de Limoges, année 1540, par Pierre Reymond : composition ayant trait à la vie des bergers, avec légende française à la partie supérieure, date *1540* et initiales de l'artiste : un des bergers accourt prévenir ses compagnons attablés de l'approche du lion et de l'ours, qui menacent leurs troupeaux. Grisaille avec tons de chair, et émaux polychromes dans le fond de paysage.

Haut., 135 millim.; larg., 105 millim.

66 — Coupe ronde, à ombilic et sur piédouche, en émail peint de Limoges, année 1555, par Pierre Reymond : sur l'ombilic, le Christ de majesté ; alentour, le sujet de la chute de la manne dans le désert, composition de très nombreux personnages, avec bordure de rinceaux dorés. A l'extérieur, grand cartouche bordé d'enroulements et encadrant quatre autres cartouches contenant des scènes tirées de la vie de Moïse : le Veau d'or, le Serpent

az. au chevr. d'or, agneau d'arg. en pointe, chef cousu de g. chargé de 3 ét. d'or

d'airain, Moïse au mont Sinaï, Moïse recevant les Tables de la loi. Ces scènes sont séparées par des termes disposés sur des têtes de chérubins. Le piédouche présente d'autres têtes de chérubins et des guirlandes de fruits, ainsi que la date *1555* et les initiales *P. R.* Intérieur du piédouche émaillé blanc avec fleurs de lis d'or. Grisaille avec tons de chair et rehauts d'or.

Haut., 75 millim.; diam., 155 millim.

67-68 — Deux assiettes en émail peint de Limoges, par Pierre Reymond, année 1566 : allégories de deux mois. Sur l'une, trois personnages se livrent aux travaux de la vendange; sur l'autre, quatre personnages sont occupés à festoyer, près d'un grand feu, dans une chambre au fond de laquelle est dressé un lit à baldaquin. Les marlis de ces assiettes sont décorés d'enfants et d'animaux chimériques; en haut, deux signes du Zodiaques : le Sagittaire, les Poissons; en bas, des écussons armoriés. Le revers présente un buste de personnage au milieu d'un large cartouche, ainsi que les initiales *P. R.* et la date *1566*. Grisaille avec tons de chair et rehauts d'or.

Le Louvre possède Juillet et decembre

Diam., 20 cent.

69 — Plaque oblongue, en émail peint de Limoges, milieu du xvie siècle, atelier de Pierre Reymond : scène de chasse; trois cavaliers,

vêtus à l'antique, passent au galop, poursuivant un animal et excitant leurs chiens; au second plan, des arbres, et, dans le lointain, des personnages.

Haut., 90 millim.; larg., 175 millim.

70 — Coffret orné de cinq plaques rectangulaires, en émail peint de Limoges, milieu du XVIe siècle, par Pierre Reymond : sujets tirés de l'Énéide. La plaque du couvercle présente la réception d'Énée par Didon, avec l'inscription : *Æneam recipit pvlchra Cartagine Dido ;* les autres offrent les compositions suivantes : le Char de Vénus traîné par des colombes et accompagné d'amours, avec la légende : ***Cupido et Venus ;*** une scène relative à Vénus, avec l'inscription : ***Solatvr Venerem dictis pater ipse dolentem ;*** Eole déchaînant les Vents, avec le titre : ***Æolus immittit Ventos ;*** Didon et Énée, avec les mots : *Dido Eneas Cartagini.* Ces plaques sont signées *P. R.*, et l'une d'elles porte la date *1540*. Grisailles avec tons de terrain.

Haut. du coffret, 15 cent.; larg., 20 cent.

71 — Vase à deux anses en S et sur piédouche, en émail peint de Limoges, milieu du XVIe siècle, par Pierre Reymond : la panse présente Diane surprise au bain par Actéon, et Actéon dévoré par ses chiens ; l'épaulement est orné de mufles de lions et de cornes

d'abondance, le culot, de feuillages ; sur le piédouche, se voient des mascarons ailés, des mufles de lions et des cartouches. Grisaille avec tons de chair et rehauts d'or. Légende française. Signé *P. R.* à l'intérieur du col.

Haut., 25 cent.

72-73 — Deux plaques rectangulaires, en émail peint de Limoges, par Pierre Reymond, milieu du xvie siècle : la Flagellation et le Christ crucifié. La Flagellation : le Christ est lié à la colonne ; deux bourreaux le frappent de verges ; trois personnages surveillent le supplice. Le Christ crucifié : sainte Madeleine est agenouillée, en pleurs, au pied de la croix ; près d'elle, les Saintes Femmes et, plus loin, saint Jean ; de l'autre côté, des soldats. Grisailles avec tons de chair. En bas d'une des plaques, la signature *P. R.*

Haut., 125 millim.; larg., 95 millim.

74 — Plaque de coffret rectangulaire en émail peint de Limoges, milieu du xvie siècle, atelier de Pierre Reymond : Jeux d'enfants. Cinq enfants s'enfuient, poursuivis par deux de leurs compagnons masqués et couverts de peaux de bêtes. En haut, la légende : *Ievnesse se Iove.* Grisaille avec rehauts d'or.

Haut., 93 millim.; larg., 170 millim.

75 — Grand plat ovale, en émail peint de Limoges, milieu du xvie siècle, par Pierre

Courteys. Au fond, la Création : Dieu, entouré des animaux, donne la vie à Adam étendu à ses pieds ; sur la droite, on voit le Seigneur tirant Ève du flanc d'Adam. La chute est ornée d'une course de rinceaux, et le marli, d'entrelacs et de têtes de chérubins. Au revers, un large cartouche contient un enfant jouant de la lyre et placé entre un paon et une autruche ; il est entouré de quatre mascarons et de bouquets de fruits reliés par des volutes et des enroulements ; en bordure, une torsade interrompue par des médaillons présentant des masques. Grisaille avec tons de chair et rehauts d'or.

Grand diam., 51 cent. ; petit diam., 37 cent.

76 — Plaque rectangulaire en émail peint de Limoges, milieu du xvie siècle, par l'anonyme *M. I.* (Martin Didier, dit Pape ?) : la Nativité. L'Enfant-Jésus est étendu sur une dalle de l'étable ; la Vierge est agenouillée devant lui et saint Joseph accourant se découvre à sa vue. Au fond, l'âne et le bœuf et, plus loin, la campagne. Grisaille avec rehauts d'or. Signée à gauche.

Haut., 15 cent. ; larg., 12 cent.

77 — Médaillon rond en émail peint de Limoges, milieu du xvie siècle, atelier de Martin Didier, dit Pape : Orphée et Eurydice. Orphée assis sur un tertre joue de la harpe ; Eurydice

l'accompagne sur le luth; les animaux charmés accourent de tous côtés. Grisaille avec tons de verdure.

Diam., 16 cent.

78 — Médaillon ovale en émail peint de Limoges, par Jean de Court, seconde moitié du xvie siècle : Melchissédec vient bénir Abraham, vainqueur des Élamites, et reçoit de lui la dîme du butin qu'il rapporte. En haut, l'indication G. XIIII, du chapitre de la Genèse. Signature *I. C.* peu lisible. Émaux polychromes avec paillons.

Grand diam., 115 millim.; petit diam., 9 millim.

79 — Plaque rectangulaire en émail peint de Limoges, atelier de Léonard Limosin, milieu du xvie siècle : Jupiter s'approche d'Alcmène qui tient Hercule enfant de la main gauche; composition d'après Jules Romain; à la partie inférieure, l'aigle; en haut, une légende française. Émaux polychromes et rehauts d'or.

Haut., 14 cent.; larg., 15 cent.

80 — Coupe en émail peint de Limoges, commencement du xviie siècle, par Jean Laudin : compositions relatives aux travaux d'Hercule. Au revers, les armes d'un marquis avec des monogrammes en dorure au pourtour extérieur.

Diam., 14 cent.

BRONZES

81 — Figurine en bronze à patine brune, de travail antique, le Génie de la Comédie, sous les traits d'un amour nu, debout, se cachant le visage avec un masque d'acteur. Base en jaspe sur plinthe en marbre rouge griotte, avec moulure de bronze doré. 8500

Haut., 78 millim.

Vente Denon
Vente Cotheau 1870, n. 25

82 — Figurine en bronze à patine brune, de travail antique : personnage nu, debout, la tête inclinée vers l'épaule droite. Base en marbre. 2200

Haut., 11 cent.

83 — Panthère en bronze à patine verte, de travail antique, une patte appuyée sur un bouclier orné d'un mascaron. Base en marbre vert. 1460

Haut., 75 millim.

84 — Œnochoe à goulot trilobé et anse surélevée, ornée d'un mascaron. Bronze antique. 500

Haut., 95 millim.

Vente Cotheau 1870, n. 41
Baron Roger 1842, n. 139

85 — Loup couché et endormi, en bronze à patine brune, de travail italien de la fin du xve siècle; fonte en cire perdue. Base en marbre jaune. 7000

Long., 14 cent.

86 — PETIT BUSTE en bronze à patine brune, de travail italien de la fin du XVe siècle : Julie fille de Titus, d'après l'antique, portant une coiffure formant bourrelet et vêtue d'une draperie. Socle en cuivre. Contre-socle en bois.

Haut., 16 cent.

87 — ENCRIER en bronze à patine brune, travail de Padoue, du commencement du XVIe siècle ; il est composé d'une statuette d'Atlas nu, accroupi, portant sur l'épaule droite la boule du monde qui forme lampe ; auprès de lui, un petit vase tenant lieu de récipient ; le tout repose sur une base hexagonale.

Haut., 18 cent.

88 — ENCRIER en bronze à patine brune, décoré de trois mascarons reliés par des draperies, et reposant sur une base à trois volutes ornées également de mascarons et réunies par des guirlandes et des ailes ; couvercle surmonté d'une figurine de Vénus au dauphin. Travail vénitien du XVIe siècle.

Haut., 24 cent.

89 — FIGURINE en bronze à patine brune, de travail florentin du XVIe siècle, d'après Jean de Bologne : Vénus après le bain ; elle est représentée debout, nue, s'essuyant avec un linge, le pied gauche appuyé sur un vase. Socle en lapis et bronze doré.

Haut., 13 cent.

Vente Cottreau 1870, n. 49

90 — Figurine en bronze à patine brune, de travail florentin du xvie siècle : Hercule debout, nu, complètement chauve, s'appuyant du bras gauche sur la massue et tenant de la main droite les fruits du jardin des Hespérides. Socle en lapis et bronze doré.

Haut., 15 cent.

91 — Figurine en bronze à patine brune, de travail florentin du xvie siècle : l'Amour nu, à califourchon sur un cheval au galop, fait le geste de tirer de l'arc. Base en marbre jaune.

Haut., 18 cent.

92 — Statuette en bronze à patine brune, de travail florentin du xvie siècle : le Génie du Repos éternel, d'après l'antique. Base en marbre.

Haut., 20 cent.

93 — Statuette en bronze à patine brune, de travail florentin du xvie siècle : l'Enfant au papillon ; nu, debout, les cheveux retenus par une bandelette, il sourit et fait le geste de surprendre le papillon. Base en bois, à filets de cuivre. *Vente Cotheau 1870, n. 45*

Haut., 20 cent.

94 — Quatre statuettes en bronze avec traces de dorure, de travail florentin du xvie siècle, représentant des tritons sonnant de la conque et à califourchon sur des tortues.

Haut., 12 cent.

95 — Figurine en bronze à patine claire, de travail florentin du xvie siècle : amour nu, armé d'un couteau, se défendant contre les attaques d'un cygne sur lequel il est monté. Base en marbre.

Haut., 11 cent.

96 — Mortier en bronze, travail de Padoue, fin du xve siècle, orné de tritons et de néréides disposés entre deux rangées de guirlandes et de mascarons. Socle en marbre et bronze doré.

Haut. du mortier, 18 cent.

97 — Petit buste en bronze à patine claire, du xviie siècle : Jupiter drapé à l'antique, portant la barbe, les cheveux longs ; la tête est tournée vers l'épaule droite. Socle en marbre.

Haut., 18 cent.

98-99 — Deux statuettes en bronze à patine rougeâtre, du temps de Louis XIV : Bacchus debout, nu, portant d'une main un cratère et de l'autre une grappe de raisin ; Vénus debout, presque nue, tenant une couronne.

Haut., 47 cent.

100 — Groupe en bronze à patine brune, de travail français du temps de Louis XIV : Apollon poursuivant Daphné métamorphosée en laurier ; à leurs pieds, le fleuve Pénée, père de Daphné, étendu à terre.

Haut., 45 cent.

101 — PETIT BUSTE en bronze à patine brune, du XVIIIe siècle : Henri IV, drapé à l'antique, la tête légèrement tournée vers l'épaule gauche. Socle en bronze doré à feuillages et moulures également du XVIIIe siècle.

Haut. totale, 22 cent.

OBJETS DE VITRINE

102 — PETITE PLAQUE rectangulaire en émail translucide sur argent, du XIVe siècle : le Calvaire. Le Christ crucifié est placé entre la Vierge et saint Jean ; au-dessus de cette composition, une arcade polylobée. Cadre en argent, avec chaînette de suspension.

Haut., 35 millim.; larg., 28 millim.

103 — FIGURINE en or partiellement émaillé, du XVIe siècle : saint moine debout bénissant et tenant un livre ; son nimbe est surmonté d'une banderole portant une légende latine ; il repose sur une petite base carrée enrichie d'émeraudes et d'une perle.

Haut , 56 millim.

104 — COUPE ronde en agate orientale blonde mamelonnée, reposant sur un pied en agate grise rubannée enrichi d'une monture en or émaillé à décor de feuillages. XVIe siècle. Bordure de la base en argent.

Haut., 14 cent.

105 — PETIT VASE ovoïde en agate jaspée ; col à gorge ; piédouche cerclé d'or avec traces d'émail. XVIe siècle.

Haut., 11 cent.

106 — PETITE COUPE ronde en agate orientale blonde mamelonnée, décorée de rinceaux en incrustations d'or, enrichis de rubis et d'émeraudes. Ancien travail indien. La bordure est ornée d'une monture du XVIIe siècle en or partiellement émaillé à fleurs, munie d'une anse plate présentant un cartouche timbré d'une couronne de duc.

Haut., 5 cent. ; larg., 10 cent.

107 — COUPE en jaspe fleuri, affectant la forme d'une coquille sur pied-balustre porté par une base simulant également une coquille. Monture en argent enrichie de pierreries. Époque Louis XIII.

Haut., 16 cent.

108 — BONBONNIÈRE ronde en ancienne porcelaine de Saxe, à décor de semis de fleurettes sur fond gaufré ; intérieur orné de même ; revers du couvercle présentant Vénus et l'Amour dans un paysage. Monture à charnière en or ciselé du temps de Louis XV.

Diam., 85 millim.

109 — Bonbonnière oblongue en ancienne porcelaine de Saxe, décorée, sur toutes les faces et le revers du couvercle, de paysages animés encadrés de rocailles. Monture à charnière en or.

Long., 43 millim.; larg., 40 millim.

110 — Bonbonnière ronde décorée au vernis Martin; le couvercle présente une scène galante, d'après Boucher : berger enseignant la musique à une bergère; le dessous est orné d'un jeune joueur de cornemuse faisant faire le beau à son chien; le pourtour est décoré de paysages; bordures de rocailles; fond rouge. Époque Louis XV.

Diam., 85 millim.

111 — Tabatière ovale en or de couleur ciselé, à décor de médaillons à sujets de chasse et de jardinage, ainsi que de guirlandes de laurier sur fond à rayures parallèles; bordures de postes et de grecques. Poinçons de *J.-J. Prévost*, adjudicataire des droits de marque (1762-1768). Fin de l'époque Louis XV.

Grand diam., 93 millim.; petit diam., 47 millim.

112 — Bonbonnière ronde en or émaillé en plein : le couvercle et le dessous présentent chacun un paysage maritime animé de personnages, d'après Vernet; le pourtour offre quatre compositions analogues séparées par des

colonnettes se détachant sur fond amati ; les bordures, également sur fond amati, sont décorées de guirlandes de fleurs. Seconde moitié du XVIIIe siècle.

Diam., 77 millim.

113 — BONBONNIÈRE ronde en écaille blonde galonnée et posée or, à décor de semis d'étoiles ; le couvercle est orné d'une miniature ovale : portrait d'homme en buste, presque de face, vêtu d'un habit bleu. Époque Louis XVI.

Diam., 75 millim.

114 — PETIT SOCLE ovale sur quatre pieds contournés, en bronze ciselé et doré du temps de Louis XVI.

Haut., 5 cent.

115 — PETITE COUPE ronde en jaspe vert sanguin, supportée par une monture en bronze ciselé et doré, composée d'un balustre entouré de serpents ; base en albâtre oriental. Époque Louis XVI.

Vente Cottreau 1870, n. 119

Haut., 15 cent.

116 — PETITE COUPE en agate blonde mamelonnée sur piédouche bas mouluré.

Haut., 58 millim.

117 — Petit présentoir en agate blonde mamelonnée et rubanée.

Diam., 12 cent.

118 — Petite coupe ovale en agate grise mamelonnée et herborisée.

Grand diam., 105 millim.

119 — Deux bols en jade blanc uni de la Chine. Nien-hao de Kia-King (1796-1821).

Haut., 6 cent.; diam., 11 cent.

OBJETS VARIÉS

120 — Livre d'Heures manuscrit, in-8°, sur vélin, de travail français du XVe siècle, composé de 108 feuillets, de 17 grandes miniatures, et d'enluminures sur tous les feuillets. Il comprend un calendrier en français, un évangéliaire, etc. Les grandes miniatures représentent les Évangélistes, des compositions tirées de la Vie de la Vierge, du Christ, etc. Les enluminures offrent les signes du Zodiaque, des rinceaux fleuris et des animaux, de saints personnages, les Sibylles, les Vertus, les Vices, etc., ainsi que la devise : *C'est pour bien*, le monogramme *P. C.*, et un écusson armorié, écartelé au 1 et 4 de gueules à la tour d'argent, accompagnée de trois

étoiles d'or, au 2 et 3 d'or au lion de sable chargé d'un lambel de gueules, au chef cousu d'argent chargé de trois bandes de pourpre. Reliure en veau, à figures et ornements gaufrés avec fermoirs en argent.

121 — Statuette-applique en cuivre repoussé et en partie doré ; Limoges, XIIIe siècle : elle représente une sainte femme debout, amplement drapée, la tête couverte d'un voile, tenant de la main droite un livre, le bras gauche levé.

Haut., 20 cent.

122 — Bras-reliquaire composé d'une âme en bois, revêtu d'une feuille d'argent unie ; bordures en cuivre repoussé et doré, simulant des galons et enrichies de cabochons ; une cavité destinée à recevoir la relique est ménagée dans l'avant-bras ; la main fait le geste de bénédiction. France, XIVe siècle.

Haut., 55 cent.

123 — Baiser de paix en argent partiellement doré, d'après Moderno : le Christ mort est soutenu sur le bord du sépulcre, d'un côté par la Vierge et un angelot, de l'autre par un ange ; encadrement architectural avec la figure de Dieu le Père sur le fronton. Au revers, la date *1536*. Travail italien du XVIe siècle.

Haut., 18 cent. ; larg., 11 cent.

124 — Coffret oblong, à couvercle bombé, en fer damasquiné d'or et d'argent; il est décoré d'arabesques sur toutes les faces et repose sur quatre petits pieds-boules. Travail vénitien du xvie siècle.

Haut., 16 cent.; larg., 16 cent.

125 — Coffret oblong, en cuivre gravé et doré, décoré de bas-reliefs en argent : le pourtour présente des figures allégoriques séparées par des cariatides et disposées au-dessus d'un soubassement orné d'amours et de mascarons; le couvercle, contenant une cavité fermée par une coulisse, est bordé d'une course de rinceaux et d'enfants nus, ainsi que de quatre cartouches; un lion en argent le surmonte. Quatre autres lions couchés, en cuivre doré, servent de pieds au coffret. A l'intérieur, des arabesques. xvie siècle.

Haut., 12 cent.; larg., 15 cent.

126 — Coffret oblong, à couvercle bombé, en fer doré, de travail italien du xvie siècle, présentant sur toutes les faces des habitations et des arbustes. Il ouvre à secret.

Haut., 9 cent.; larg., 9 cent.

127 — Vidrecome en étain, de travail allemand de la fin du xvie siècle, présentant trois médaillons, contenant des figures allégoriques avec les légendes : *Patientia*, *Solertia*, *Nonvi* ; sur

le couvercle, des mascarons, des enfants et des rinceaux; anse formée d'une cariatide. Le dessous est marqué : *I. F.*

Haut., 18 cent.

128 — Vitrine murale en fer, bois et glaces.

Haut., 2 m. 30; larg., 1 m. 65.

129 — Autre vitrine.

Haut., 2 m. 30; larg., 1 m. 40.

130 — Vitrine de milieu, en fer, sur support en bois.

Haut. de la vitrine, 90 cent.
Larg., 1 m. 35; prof., 55 cent.

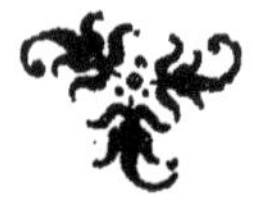

www.ingramcontent.com/pod-product-compliance
Ingram Content Group UK Ltd.
Pitfield, Milton Keynes, MK11 3LW, UK
UKHW021521260726
13993UKWH00004B/1807

9 782329 499819